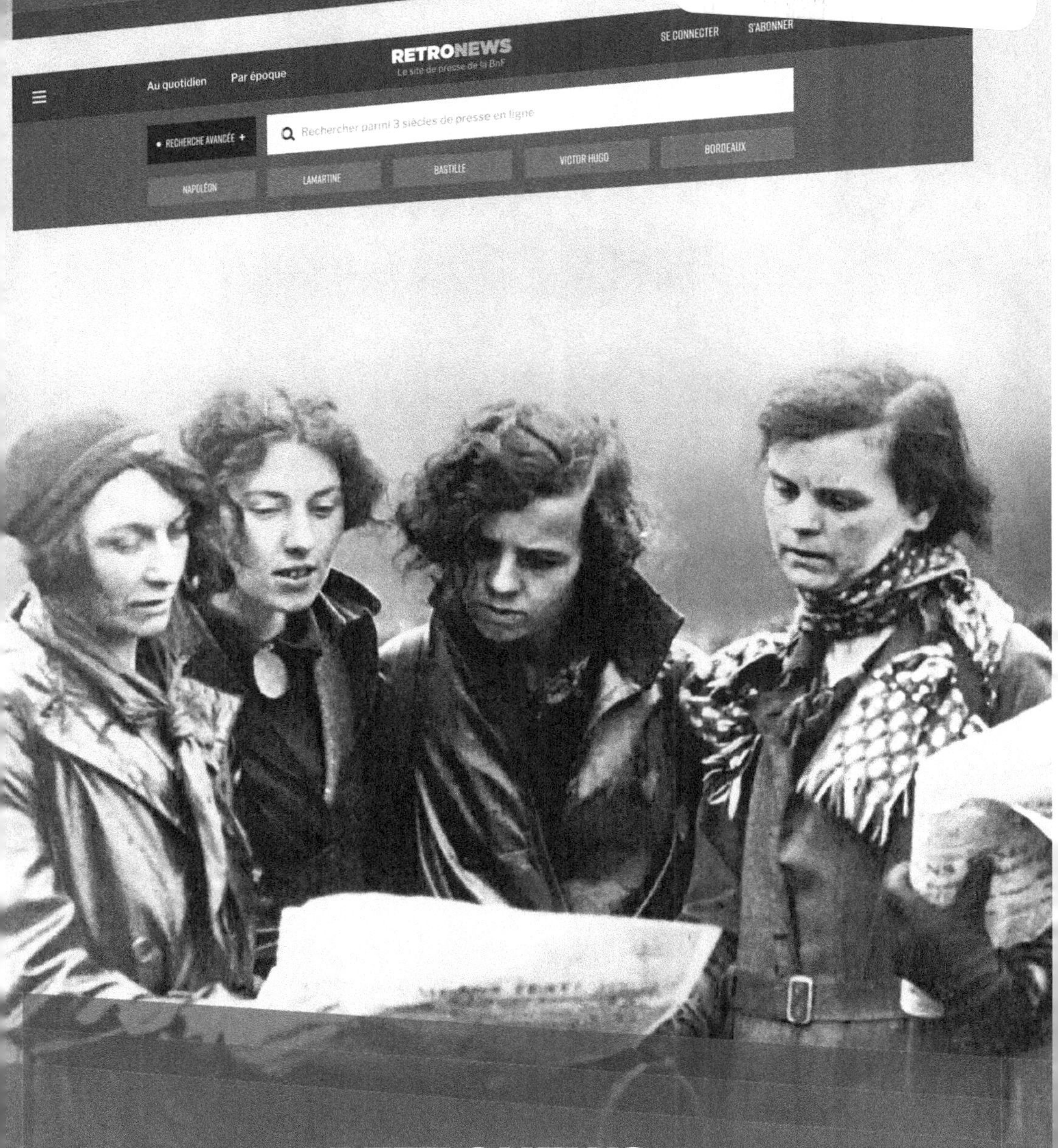

CATALOGUE

DE LA

QUINZIÈME

EXPOSITION

DU

Musée de Rouen,

ouverte le 20 Octobre 1853.

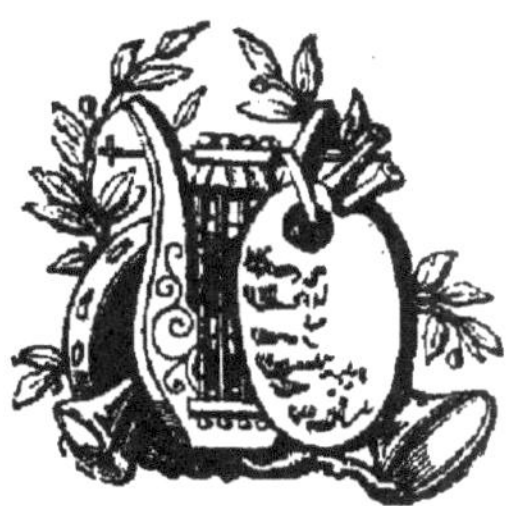

ROUEN,

VEUVE A. SURVILLE, IMPRIMEUR DE LA COUR IMPÉRIALE
et de la Mairie,
Rue des Bons-Enfants, 46-48.

1853.

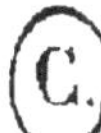

—⫷⫷-⫸⫸—

AVIS.

—

L'Exposition est ouverte ·tous les jours, excepté les Samedis, jours réservés.

—

Ce Catalogue ne sera vendu qu'à la porte du Musée.

Le public est prévenu que, pour la plus grande sûreté des Tableaux et Objets d'art que cet établissement renferme, on devra déposer, à l'entrée, les cannes, parapluies, ombrelles, etc.

—⫷⫷-⫸⫸—

CATALOGUE

DE LA

Quinzième Exposition

DU

MUSÉE DE ROUEN.

Nota. — *Les numéros de l'Exposition de Rouen sont placés en bas et à gauche des Tableaux.*

ACCARD (E.),

Paris.

1. L'artiste dans son atelier.
2. Groupe d'Armures et Draperies.

ADELINA (Mlle),

136, Boulevard Montparnasse, Paris.

3. Roses et Capucines.
4. Roses trémières et Pervenches.

AILLAUD (Alphonse).

52, rue Impériale, Rouen.

5. La Grande Halte (aquarelle).
6. Le Soldat blessé (dessin au crayon et à l'aquarelle).
7. Portrait de M. B..., de Rouen, ex-brigadier au 4me Hussards (aquarelle).

—

ANTIGNA,

21, quai Bourbon, Paris.

8. Enfants égarés.
9. Pauvre Famille.

—

BALFOURIER,

11, rue Bleue, Paris.

10. Environs d'Oradour-sur-Vayres.
11. La Tour Samblancq, à Elche.

—

BASSET,

43, rue Notre-Dame-des-Champs, Paris.

12. Contadina de Lubiaco.

—

BAUDERON (Louis),

50, rue Saint-Lazare, Paris.

13. Les Saturnales romaines.

Rome célébrait, au mois de septembre, en l'honneur de Saturne, des fêtes solennelles. La société était bouleversée pendant trois jours; les esclaves jouissaient d'une liberté éphémère, étaient servis par les maîtres, et pouvaient profiter de cette licence pour reprocher à ceux-ci les défauts dont ils avaient souffert, et les vices qu'ils avaient pu découvrir. ...

Les mères conduisaient leurs enfants à ces fêtes, afin que leur jeune imagination fût frappée d'horreur à la vue de l'ivresse des esclaves.

« *Saturne ainsi le veut : Chaque an, dans la maison,*
« *Ces affranchis d'un jour peuvent tout se permettre :*
« *L'exemple vient d'en bas, et, troublant la raison,*
« *L'ivresse de l'esclave est la leçon du maître.*

14. Le Mois de Marie, souvenirs de Florence.
15. Paysanne de Nice se rendant au marché.

BAUDIT,

43, rue de Douay, Paris.

16. Le Village de Montigny.
17. Un Chemin de la campagne.
18. Environs de Fontainebleau.

BEAUME,

A Paris, et chez Legrip, rue de l'Hôpital, Rouen.

19. Ronde d'Enfants.

BENTABOLE (Louis),

40, rue Blanche, Paris.

20. Vue prise à Morgate (Finistère).

BERLIOZ DE PRÉMONT,

26 bis, rue de Crosne-hors-Ville, Rouen.

21. Vue du Château de Rochechinard et des Montagnes du Rayonnais.

« Le château de Rochechinard, qui appartenait à l'illustre branche
« des Allanau, est une des ruines les plus curieuses des monuments
« des xie et xiie siècles. Un prince mahométan, nommé Zizini, ou
« Dzini, frère de Bajazet, l'habita pendant quelques temps comme
« Prisonnier. Il y fut visité par Hélène de Sassenay, fille du comte
« Bérenger ; cette entrevue fit naître un amour mutuel, dont le
« souvenir s'est perpétué dans le pays, et sert encore de sujet à plus
« d'une veillée Dauphinoise.

22 Vue de Roman-sur-l'Isère (étude d'après nature).

23. La Vierge à la Rose.

24. Portrait de Mme E***.

—

BERTHELEMY (EMILE),

19, rue du Delta, Paris.

25. La Plage de Bernières-sur-Mer (Calvados), à marée basse.

26. Vue du Conquet (Bretagne), à marée basse.

27. Naufrage du Navire corsaire l'*Enfant-de-la-Patrie*, sur les côtes de Norwége, le 6 pluviose an VI.

Jusqu'au point du jour, Mosancourt et ses marins demeurèrent sur
le rocher où ils étaient parvenus à se réfugier; leurs vêtements

glacés ruisselaient d'eau, et cependant il leur fallut attendre dans la neige le lever de l'aurore. Quel spectacle s'offrit à leurs regards ! en face d'eux, l'Océan, dont les montagnes blanchissantes achevaient de mettre en pièces l'*Enfant-de-la-Patrie,* réduit à quelques débris épars derrière eux. L'immensité des régions du nord, avec ses neiges, ses glaces et la solitude désolée; au milien d'eux, un cadavre, celui d'un de leurs compagnons, mort de froid et de fatigue, et de tous côtés leurs camarades ne pouvant ni se contenir ni faire un mouvement; pas de vivres, pas de feu, et l'on ignorait dans quelle partie de la Norwége la tempête avait jeté le navire dunkerquois.

Napoléon GALLOIS,

(*Extrait de la vie des Corsaires français sous la République et l'Empire*).

28. Pêche aux Harengs.

—

BERTHIER (Eugène),

33, rue de l'Est, Paris.

29. La Tentation de Saint-Antoine.

—

BERTHIER (J.),

19, quai Saint-Michel, Paris.

30 Nature morte.

31. *Idem.*

32. Mâconnaise.

—

BERTHOUD,

13, rue de l'Oratoire-du-Roule, Paris

33. Effet de Soleil couchant.

34. Intérieur de Cour normande (dessin).

BLANCHARD (Auguste),
Paris.

35. Faust et Marguerite, d'après Ary Scheffer
(gravure).

BONHEUR (Isidore),
7, rue Dupuytren, Paris.

36. Un Cheval (bronze).
37. Un Chien   (*id.*)
38. Un Bœuf   (*id.*)
39. Un Cheval   (*id.*)

BONHEUR (Mlle Rosa),
7, rue Dupuytren, Paris.

40. Un Taureau beuglant (bronze).

BORÉLY (Isidore),
39, rue Impériale, Rouen.

41. Portrait de Mlle Virginie Martin, artiste
du Théâtre-des-Arts.
42. Portrait de l'Auteur.

BOUDIN (E.),
51, Grand-Quai, Havre.

43. Paysage.
44. *Idem.*

BOURGEOIS,

3, rue du Regard, Paris.

45. Les Ruines (aquarelle).
46. Porte latérale de Saint-Jean, à Châlons.
47. Vue prise aux bords de l'Allier (Auvergne).
48. Route de Clermont à Mirefleur (Auvergne).
49. Ancien Moulin à eau.
50. Deux Natures Mortes.

—

BRISSOT DE WARVILLE,

Au Palais de Compiègne.

51. Paysage aux environs de Compiègne.

—

BROCHART,

Paris, et chez Legrip, rue de l'Hôpital, Rouen.

52. Coquetterie (pastel).
53. Gourmandise (pastel).

—

BUJON,

30 bis, rue de Socrate, Rouen.

54. Montagnard jouant de la vielle.

55. Le Christ attendant le moment d'être crucifié.
56. La Madeleine repentante.
57. Famille en état d'ivresse.
58. Les Artistes lisant la critique de l'exposition de Rouen.
59. Portrait de l'Impératrice (modelé d'après gravure).

CABASSON (GUILLAUME-ALPHONSE),
12, rue Taranne, Paris.

60. Saint-Jérôme.

CALAME, *de Genève*,
à Paris, chez Souty.

61. Paysage, vue de Suisse.

CALBRIS (Mlle SOFY),
31, Rue Rochechouard, Paris.

62. Vue prise à Esquermes (Nord).
63. Route de Wazemmes à Loos (Nord).

CARAUD,
Paris.

64. Arabes à la Fontaine.

CARON-LANGLOIS (Mlle PAULINE),

Paris.

65. La petite Gourmande.

—

CASSAGNE (ARMAND),

62, rue Mazarine, Paris.

66. Costumes géorgiens du XIII° au XVI° siècle,
dessins du prince Gagarin (chromo-
lithographie).
67. Chapelle de la Vierge, église de Bonsecours (aquarelle).
68. Le Mariage de la Vierge (aquarelle).

—

CASTAN (E.),

41, rue du Four-Saint-Germain, Paris.

69. Bordage aux environs du Mans, effet du
matin.

—

CAVÉ (Mme),

à Paris, chez Souty.

70. Le petit Peintre.

—

CHAMPAGNE (JULES),

62, rue Mazarine, Paris.

71. Paysages et sujets divers (lithographies).

CHARPENTIER (Eugène),
1, rue de Provence, Versailles.

72. Le Poëte Sedaine, composant son Opéra de *Rose et Colas.*

—

COIC,
95, rue Neuve-des Petits-Champs, Paris.

73. Fête bretonne.

—

COLIN (A.),
13, rue du Jardinet, Paris.

74. Masaniello.
75. Une jeune Orientale

—

COURT (Joseph-Désiré),
Conservateur du Musée, à l'Hôtel-de-Ville,
et 11, rue Bourg-l'Abbé, Rouen.

76. Portrait de sa S. le Pape Pie IX.
77. *idem* de Mme la Comtesse de B....
78. Portrait de M. Henry Barbet, ancien Pair de France, Président du Conseil-Général de la Seine-Inférieure.
79. Portrait de M. Thévenin, ancien président du tribunal de commerce.

80. Portrait de M. l'Abbé Coquand, secré-
taire de monseigneur l'archevêque de
Paris.
81. Fleur de Marie.
Portrait même numéro.

COUSIN (CHARLES),

aux Andelys,

et chez Ganeron, doreur, rue de l'Hôpital, Rouen.

82. Portrait de Mme C....
83. *idem* de Mlle V....

COUVELEY,

Conservateur du Musée au Havre.

84. Vue des environs de Benadette, paysans
Bretons près d'une Mare.
85. Vieux Château dominant Smyrne ; le petit
Pont des Caravanes.
86. Le *Humbolt*.
87. Le *Francklin*.

(Ces deux Bateaux font le service du Havre à Nev-York,)

DAGNAN,

à Paris, chez Souty.

88. Paysage, vue de Suisse.
89. *idem*. *idem*.

DANIEL,

Statuaire,

Membre de la Légion d'honneur,

47, rue des Tournelles, Paris.

90. Buste en marbre de **M.** Mollien, comte de l'Empire, Grand'-Croix de la Légion d'honneur, Grand'-Croix de l'ordre de l'Eléphant, de Dannemarck, etc.

Commandé par la ville de Rouen.

Nicolas-François Mollien, né à Rouen, le 28 février 1758, était fils d'un honorable fabricant de cette ville. Il fit à Paris de brillantes études, et entra très-jeune dans l'administration des finances. Des travaux importants lui furent promptement confiés, et, dès l'âge de vingt-quatre ans, ils lui avaient valu, du roi Louis XVI, une pension de mille écus.

La révolution l'écarta des affaires, emprisonné à Paris pendant la terreur, il ne fut sauvé que par le 9 thermidor.

Rentré dans l'administration en 1800, il fut nommé, par le Premier Consul, directeur de la caisse d'amortissement; ses relations fréquentes avec le chef de l'Etat, lui méritèrent de sa part une confiance et une estime dont il recueillit bientôt des preuves, il reçut le titre de comte et devint conseiller d'Etat.

En janvier 1806, l'Empereur le nomma ministre du trésor public; il occupa ces hautes fonctions jusqu'en 1814, et les reprit à l'époque des cent jours. Pendant son administration, il créa tout le système de comptabilité qui régit encore nos finances, et qui nous est envié de toute l'Europe. Ministre habile, il dirigea la fortune de la France avec la plus haute intégrité.

Nommé pair en 1819, il apporta dans les travaux législatifs le secours si apprécié de ses lumières et de sa longue expérience.

Il mourut à Paris, dans sa maison, le 20 avril 1850, à l'âge de quatre-vingt-douze ans, dans les bras de sa femme et entouré de sa famille.

———

DAVID (Jean-Louis),

2, Petite rue Verte, Paris.

91. Un coin de Salle à manger (aquarelle).
92. Le Repos des petits Chats (aquarelle).

———

DEGALASSE (Mlle A.),

17, rue Meslay, Paris.

93. Le Retour du Marché.
94. La Punition.

———

DENIZE,

à Rouen.

95. Tête de jeune Fille (dessin).
96. Tête de Vieillard.

———

DESGOFFE (Alexandre),

Pavillon de l'Ouest, à l'Institut, Paris.

97. Une Allée de Parc.

DEVÉ,

Paris, et à Rouen, chez Legrip, 26, rue de l'Hopital.

98. Un Paysage (pastel).
99. Vue prise à Mauny (pastel), appartient à M. Léon Caban.
100. Un Paysage (Pastel).
101. Deux paysages (dessins au crayon).

—

DIAZ,

Paris, et chez Legrip, rue de l'Hôpital, Rouen.

102. Mauresque.

—

DREUX (Alfred de),

Paris, et chez Legrip, rue de l'Hôpital, Rouen.

103. Cheval échappé.

—

DUBOC,

25, rue Ganterie, à Rouen.

104. Portrait de M. le docteur L...
105. Portrait de M. H...
106. Paysage composé.
107. Souvenir de Normandie.
108. Souvenir de l'Eure.

DUBOIS (Etienne),

27, rue de Berlin, Paris.

109. Une Vierge (étude).
110. Vue prise de l'Escalier du Palais des Césars, à Rome.

—

DUBUF,

à Paris, chez Souty.

111. Tête de Femme (étude).

—

DUJARDIN (Louis),

1, rue de Cachan, à Arcueil, près Paris.

112. Un cadre renfermant neuf sujets gravés sur bois, tirés des Aventures de Télémaque, dessins de M. A. Paquier, d'après Moreau jeune.

—

DUMAX (Ernest),

quai Saint-Michel, 19, Paris.

113. Sapho.
114. Vue prise à Marcoussis.

DUMÉE,

81, rue du Champ-des-Oiseaux, à Rouen.

115. La Marchande d'Huîtres.
116. Vue de Rouen, prise du quai Napoléon.
117. Vue de Rouen, prise de la Chaussée.

DUPONT (HENRIQUEL),

Paris.

118. L'Hémicycle de l'Ecole des Beaux-Arts,
d'après M. Paul Delaroche (gravure).

EICHENS,

Paris.

119. La Vierge de Séville, d'après Murillo
(gravure).

ESTIENNE,

14, rue Basse-du-Rempart, Paris.

120. Vert-Vert.
121. Le Christ à l'âge de douze ans.

FAUCHIER (Mme) NÉE GUDIN,

157, faubourg Saint-Honoré, Paris.

122. Effet du Matin,
123. Clair de Lune.

FAUVELET,

à Paris, chez Souty.

124. Intérieur.

—

FEULARD (Louis-Alexandre),

36, rue Impériale, Rouen.

125. Le petit Favori.
126. Intérieur de l'Église de Polignac (Auvergne).

—

FLANDIN (Eugène),

9, rue de Laval, Paris.

127. Constantinople, vue du quartier turc, prise en face des mosquées de Soliman et de la sultane Validé.

—

FLANDRIN (Paul),

14, rue de l'Abbaye, Paris.

128. Environs de Vienne (Dauphiné).

—

FLERS,

rue de Chabrol, Paris, et à Rouen, chez Legrip, 26, rue de l'Hôpital.

129. Un Paysage (appartient à M. Léon Caban).

FONTENAY (Alexis de),

8, quai de l'Ecole, Paris.

130. Entrée d'un Village dans le département du Cher (effet du matin).
131. Misère et Génie (esquisse).
132. Vue prise du Château et du Village de Mennetou-Couture (dessin).
133. Un cadre contenant quatre dessins.
134. Vue prise sur les côtes du Pas-de-Calais.

—

FORT (Siméon),

32, rue du Cherche-Midi, Paris.

135. Bois de la vallée Jean-Berton.
136. Chevaux de labour au repos.

—

FOUGÈRE (Mlle),

47, rue de Vaugirard, Paris

137. Petit Villageois.
138. Déjà Coquette.
139. Retour des Champs.

FOULONGNE (Charles-Alfred),

5, rue Carnot, Paris, et 76, rue Malpalu, Rouen.

140. Idylle, le Secret d'une Fleur.
141. Le Primtemps.
142. Le Désert.
143. Les Baigneuses.

—

FRANÇOIS (Jules),

Paris.

144. L'heureuse Mère, d'après Paul Delaroche
(gravure).

—

FRICHOT (Mlle Valentine),

145. Portrait d'une jeune Portugaise.
146. Petite Bergère rentrant ses Moutons.
147. Groupe de Gibier, d'après Griff (pastel).
148. Paysage, d'après Berghem (pastel).
149. Une tête d'Ange, d'après André Delsarto
(pastel).

—

FULCONIS (Louis),

Elève de l'Ecole des Beaux-Arts d'Avignon, à Blosseville-Bonsecours,
Rouen.

150. Le Christ Docteur et ses douze Apôtres.

151. Deux Anges thuribulaires, modèles qui
doivent être fondus pour le maître-
autel de l'église de Bonsecours.
152. Portrait de M. M... (plâtre).

—

GENAUT (Mme),

11, rue Bergère, Paris.

153. Forêt de Fontainebleau.

—

GIACOMETTI (JOSEPH-EUGÈNE),

90, rue Saint-Pierre, à Darnétal.

154. Un Paysage (vue de Normandie).

—

GIDE (TH.),

20, rue de la Madeleine, Paris,

155. Barbier turc.

—

GUDIN (THÉODORE),

au château Beaujon, Paris.

156. Clair de Lune sur les côtes de la Médi-
terranée.

—

GUÉ (OSCAR),

chez M. Dauzat, 14, rue Olivier-Saint-Germain, Paris.

157. Ruyter.

GUIMARD (Mlle EUDES DE)

5, rue Ménilmontant, Paris.

158. Paysans (Basse-Normandie) ramassant du bois.

159. Un Pâtre.

160. La jeune Evangélique.

161. Paysage.

162. Une Mère et ses Enfants, souvenir de Normandie.

—

HALPHEN,

1, rue Montmorency-Feydeau, Paris.

163. La Récompense (aquarelle).

164. La Bouquetière de Louis XV (aquarelle).

—

HAMON (PAUL),

22 rue de Bruxelles, Paris.

165. Saint François de Sales dans le bois des Allinges (Savoie).

Réduction du tableau commandé par M. le Ministre de l'Intérieur, et exécuté pour la Cathédrale de Belley (Ain).

« Et saint François s'étant avancé seul au devant des assassins,
« les força, par le seul pouvoir de sa douceur et de ses remontrances,
« à renoncer à leur crime. Ils jettent leurs armes et se prosternent à
« ses pieds, lui demandant pardon. Saint François, les ayant fait

« relever, pria les hommes de son escorte de ne jamais chercher à
« les faire arrêter. »

(*Vie de saint François de Sales, tome premier.*)

166. Une Scène de Brigands.

***

HARPIGNIES (HENRY),

47, rue Saint-André-des-Arts, Paris.

167. La Lecture.
168. Le Buisson, vue prise sur les bords de
la Nièvre.

***

HARROUARD,

8, rue de la Paix, Batignolles.

169. Sujet de Notre-Dame de Paris.

***

HAUTIER (Mlle EUGÉNIE),

17, rue de Laval, Paris.

170. Nature morte.

***

HENRY (NICOLAS),

92, rue Richelieu, Paris.

171. Fontaine de Saint-Ronan.

***

HERVIEU (ACHILLE),

153, rue Beauvoisine, Rouen.

172. Portrait de Mme L...

HILLEMACHER (Eugène-Ernest),

34, rue Lafayette, Paris.

173. Les Assiégés de Rouen, en 1418.

On avait été obligé de mettre encore hors de la ville douze mille pauvres gens, vieillards, femmes et enfants; et comme les Anglais n'avaient pas voulu les laisser passer, ces malheureux étaient demeurés dans les fossés de la ville, où ils s'efforçaient de se soutenir en mangeant des herbes sauvages; mais ils mouraient chaque jour par centaines. Lorsque les femmes de cette troupe affamée accouchaient, on leur descendait un panier du haut de la muraille; elles y plaçaient leur enfant, et, après qu'il avait été baptisé dans quelque église de la ville, on le leur descendait, car on ne pouvait le garder ni le nourrir.

(De Barante, *Histoire des Ducs de Bourgogne.*)

HINTZ,

24, rue Pigalle, Paris.

174. Vue du Tréport.

HUBER (E.),

12, rue du Delta, Paris.

175. Intérieur de Cellier.
176. Intérieur de Cave.

HUBERT (Jean-Baptiste),

16, rue Taranne, Paris.

177. Vue sur les bords de la Marne (aquar^{lle}).
178. Vue d'un Bocage (aquarelle).
179. Vue d'une Eglise (aquarelle).

HOSTEIN (Edouard),

25, rue Blanche, Paris, et 58, rue Impériale, Rouen.

180. Portrait de M. le Préfet de la Seine-Inférieure.
181. Portrait de Mlle Ad. R ...
182. *Id.* M. Puget, artiste du Théâtre Impérial de l'Opéra-Comique.
183. Portrait de l'auteur.
184. Théâtre dans un parc, à Caumont (Eure), appartient à Mme C. Poupart.
185. Paysage pris en Vendée.
186. Vue de la Mare du Petit-Quevilly, appartient à M. Emile Malétra.
187. Fabrique d'huiles au Mont-Riboudet, appartient à M. S. Harel.
188. Chemin creux en Vendée.
189. Etude de femme espagnole.

ISABEY (EUGÈNE),

Paris,
et chez Legrip, rue de l'Hôpital, Rouen.

190 Plage avec Figures, souvenir de Saint-
Valery-sur-Somme.

—

ISAMBERT (ALPHONSE),

27, rue de Fleurus, Paris.

191. Après le Bain.
192. Au bord d'un Ruisseau.

—

KIORBOE (CHARLES-FRÉDÉRIC),

Paris.

193. Le Renard guettant sa Proie.
194. Chevaux belges.

—

KLAQUE,

49, rue Neuve-Saint-Augustin, Paris.

195. Intérieur de Forêt.

—

LAMANIÈRE (GUSTAVE),

4, boulevard Bouvreuil, Rouen.

196. Le Vert-de-gris et la Servante grondée.

LANOUE,

21, rue Fontaine-Saint-Georges, Paris.

197. Etang de Saint-Hubert (Seine-et-Oise).

—

LAPITO (AUGUSTE),

69, rue Neuve-des-Petits-Champs, Paris.

198. Environs de Montélimar.
199. Forêt de Fontainebleau.

—

LAPOTER (Mme), née ANTONINE CHEREAU,
élève de Mme De Mirbel,

17, rue du Havre, Paris.

200. Portrait de Mlle Rosalie de B...
(Miniature.)

—

LASSALLE (LOUIS),

22, rue Chabrol, Paris.

201. Le Passage du Gué.

—

LAUGÉE (DÉSIRÉ-FRANÇOIS),
Né à Maromme (Seine-Inférieure), en 1823.
13, rue de l'Oratoire (Champs-Elysées), Paris.

202. Mort de Guillaume-le-Conquérant.
.... On le transporta malade à Rouen, et de là dans un
monastère, hors des murs de la ville, dont il ne pouvait supporter le

bruit.... ; il languit durant six semaines...., le 10 de septembre, au lever du soleil, le roi Guillaume fut éveillé par un bruit de cloches, et demanda ce que c'était : on lui répondit que l'office de prime sonnait à l'église de Sainte-Marie ; il leva les mains en disant : « Je me recommande à madame Marie, la sainte Mère de Dieu » , et presque aussitôt il expira. Ses médecins et les autres assistants, qui avaient passé la nuit auprès de lui, le voyant mort, montèrent en hâte à cheval, et coururent veiller sur leurs biens. Les gens de service et les vassaux de moindre étage, après la fuite de leurs supérieurs, enlevèrent les armes, les vases, les vêtements, le linge, tout le mobilier, et s'enfuirent de même, laissant le cadavre presque nu sur le plancher. Le corps du roi demeura ainsi abandonné pendant plusieurs heures , car, dans toute la ville de Rouen, les hommes étaient devenus comme ivres, non pas de douleur, mais de crainte de l'avenir.....

Enfin, des gens de religion, clercs et moines, ayant repris leurs sens, et recueilli leurs forces, arrangèrent une procession. Revêtus des habits de leur ordre, avec la croix, les cierges et les encensoirs, ils vinrent auprès du cadavre, et prièrent pour l'âme du défunt.

Augustin THIERRY.

Histoire de la Conquête de l'Angleterre par les Normands, Tome II Livre VIII.

—

LAYNAUD,

à Paris, et à Rouen, chez M. Legrip, 26, rue de l'Hôpital,

203. Le Christ sur les genoux de la Vierge.
204. Bureau de Nourrice.
205. Un Bohémien (étude).
206. Un Brigand italien (étude).

LEBOUYS,

29, rue Mazarine, Paris.

207. Tête d'étude.
208. Paysans de la campagne de Rome.

—

LECOQ (Louis-Adolphe),

1, rue de Lémery, Rouen

209. L'Aumône.
210. Portrait de Mme E... (pastel.)

—

LEFÉBURE (Mlle Célina),

17, rue de Laval, Paris.

211. Petite Fille et son Chien.
212. Consolation.
Portrait de l'auteur, même numéro.

—

LEFEBURE (Gabriel),

213. Le Christ.
214. Portrait de M. Louis Enault, homme de lettres.
215. Portrait de M. Cephos.
216. Portrait de M. Rossignol, homme de lettres.

LEFEBVRE (Charles),

56, rue Saint-Dominique-Saint-Germain, Paris.

217. Un mauvais Arrangement vaut mieux qu'un bon procès.

—

LEFEBVRE,

4, rue Ganterie, Rouen.

218. Chêne d'Allouville, âgé de neuf siècles (classé monument végétal). Fixé.
219. Effet de Lune pris au bord de la Seine. (Fixé.)

—

LEGAL)Charles),

14, rue de l'Ecureuil, Rouen.

220. Portrait de Mlle D... (pastel.)

—

LEGENISEL (Eugène),

16, rue des Canettes, Paris.

221. Le petit Penseur.
222. Nature morte.

—

LEGENTILE,

3, rue de la Tour-d'Auvergne, Paris.

223. Chaumière aux environs de Locminée.
224. Vue prise à la Chaussée, près Nantes.

LEGRIP (Frédéric),

11, rue des Marais-Saint-Germain, Paris.

225. Trois Portraits inédits, peintres français, et un médaillon représentant les Enfants de Simon Vouet, pour l'ouvrage de M. de Chennevières.

226. Trois Portraits inédits, peintres français, pour l'ouvrage de M. de Chennevières.

227. Vingt-cinq Croquis à l'eau-forte, souvenirs de voyages.

—

LELARGE (R),

4, place de l'Hotel-de-Ville, Rouen.

228. Portrait de M. R...

229. Vue prise dans les Pyrénées.

230. *Idem   idem.*

231. Vue prise dans les environs de Bayeux.

232. Paysage composé.

233. Vue prise en Basse-Normandie.

234. Paysage composé.

235. Route d'Orxat à Sainte-Colombe, dans les Pyrénées (dessin).

—

LEMMENS,

Paris.

236 Un Intérieur à la Campagne.

LÉPAULLE (G.),

27, rue des Martyrs, Paris.

237. Jeune Fille au Bain.
238. Rêve d'amour.
239. Le Favori.

—

LONGCHAMPS (Mlle Henriette de)

111, rue de Sèvres, Paris.

240. Une Guirlande de Roses.

—

LORGUEILLEUX (Alphonse).

241. Portrait de M. P..., de Bolbec.
242. *Id.*   de M. B..., de Bolbec.
243. *Id.*   de Mlle T..., de Bolbec.

—

LOTTIN DE LAVAL,

Chez M. Legrip aîné, Rouen.

244. Vue de Widdin et de Balkan.
245. Vue d'Ispahan (Perse).
246. Vue de la Haute-Arménie.
247. Route du Kandâher, Afghanistan.

LULVÈS (Jean),

19, rue Duperré, Paris.

248. Van-Eyck, regardé comme l'inventeur de la peinture à l'huile, consulte ses amis sur un premier essai.

—

LUMINAIS,

39, rue de Douai, Paris.

249. Souvenir des côtes de Bretagne.
250. Le timide Enjoleur.

—

MAILLOT,

3, rue du Vieux-Colombier, Paris.

251. Le Christ au Linceuil.

—

MALENSON (Paul),

10, rue des Charrettes, Rouen.
1, rue Childebert, chez Mme Picard, Paris.

252. Hallali au Sanglier.
253. Hallali au Cerf.
254. La Promenade.
255. La Meute.
256. Le Rendez-vous.
257. Paysages et Figures.

MARC (JULES DE),

Paris.

258. L'Ensevelissement du Christ, d'après le Titien (gravure).

MARQUIS,

97, rue de Vaugirard, Paris.

259. Jésus-Christ guérissant l'aveugle-né.

MARGAUD (A.),

22, rue de Bruxelles, Paris.

260. La Repasseuse.
261. Le Soir.

MARTIN (ISIDORE),

7, rue Papillon, Paris.

262. Le déjeuner des Cygnes.

MASSÉ,

45, rue Pigalle, Paris.

263. Charge de Chasseurs à cheval.

MAYER:

chez M. Dauzats, 14, rue Olivier-Saint-Germain, Paris.

264. Le soir d'un Combat (marine).

MERLIN (C),

4, rue Sénécaux, Rouen.

265. Paysage, vue de Vascœil (Eure).

—

MOREL (JULES),

8, rue de la Grande-Chaumière, Paris.

266. Arabes en voyage.
267. Troupeau au pâturage.

—

MORIN (GUSTAVE),

Enclave Sainte-Marie, professeur de Dessin de l'Ecole Municipale de
Rouen.

268. Le Tentateur.
269. Le Secret des filles d'honneur.
270. Le Bibliomane
271. L'Antiquaire.

—

PARIS,

33, rue de l'Entrepôt, Paris.

272. Moutons au pâturage.
273. Intérieur d'une bergerie.
274. Vue prise d'une Ferme, près Coulom-
    miers.

PARMENTIER (Félix),

3, passage Chausson, Paris.

275. Episode de l'enfance de Bertrand Duguesclin.

Une religieuse prédit à madame Duguesclin, sa mère, que le na-
turel brusque et emporté de son jeune fils sont le présage d'une
glorieuse destinée.

—

PASCAL,

9, rue Guénégaud, Paris.

276. Paysage, carrefour du Franchard.

—

PASINI (Albert),

41, rue Saint-Louis, au Marais, Paris.

277. Bornage de Barbizon.
278. Forêt de Fontainebleau.

—

PATIN (Auguste),

16, rue de la Glacière, Rouen.

279. Jeune Savoyard (étude).

—

PHILIPPAR-HUZARD,

28, avenue de Saint-Cloud, Versailles.

280. Fleurs.

PHILIPPOTEAUX (F.),

5, rue Carnot, Paris.

281. Le général Bonaparte, 1796, campagne d'Italie.

—

PIGNEROLLES (DE),

49, rue de la Bienfaisance, Paris.

282. Préparatifs de la fête de la Madone.

—

POIROT (PIERRE-ACHILLE),

8, rue Crébillon, Paris.

283. Intérieur de l'Eglise Saint-Médard, à Paris.

—

POTTIER (H.),

22, rue de Madame, Paris.

284. Souvenirs de Fontenay-aux-Roses, environs de Paris.

—

POUSSIN (CHARLES),

49, rue de la Bienfaisance, Paris.

285. Une Buvette bretonne.

PRON (H.),

29, quai d'Anjou, Paris.

286. Etude de chênes dans la forêt de Fontainebleau.

—

RABEL (GUSTAVE),
élève de Malenson.

10, rue des Charrettes, Rouen.

287. Un Brick entrant dans un port.
288. Une Marée basse (côtes de Normandie).
289. Marine.

—

RAUL (THÉODORE),
. charpentier au Mont-au-Malades.

290. Levée d'un plan de treuil continu.

—

RENOUARD (EUGÈNE),

64, rue des Carmes, Rouen.

291. Paysage, environs d'Alpnach, Lac des Quatre-Cantons (Suisse).

RENOUT (P.),

à Louviers (Eure).

292. Ruines de Jumiéges.
293. Intérieur de forêt près du Pont-de-l'Arche.
294. Intérieur d'Eglise.
295. Les Mangeurs de Cerises (nature morte).

—

RICOIS,

5, quai Voltaire, Paris.

296. Vue du Pont-Neuf à Paris.
297. Vue de l'embouchure de la Seine.

—

RIFFAUT,

27, rue de Fleurus, Paris.

298. Le Retour (gravure d'après P. Malenson).

—

RIVAUD (Eugène),

66, rue des Martyrs, Paris.

299. Rêves d'amour.

—

ROLLET,

8, Rue de Sèvres, Paris.

300. Le Réveil.

ROUSSEL (Charles),

Elève de l'Académie de Rouen.

301. Portrait de Mlle Maria A....
302. Portrait de M. A.... (croquis).

—

SAINT-MARTIN (Paul),

19, rue Guénégaud, Paris.

303. Vue prise aux environs de Louviers.

—

SALMON (Théodore),

8, rue du Delta, Paris.

304. La Dévideuse de Soie.
305. La Toilette.

—

SERRUR,

13, rue de l'Abbaye, Paris.

306. Prière à la Madone.
307. Femme du peuple.

—

SORIEUL (Jean),

14, rue Chabrol, Paris.

308. Passage du défilé de Ponary, campagne
de Russie, en 1813.

Le défilé du Ponary était devenu impraticable.... D'après les
ordres du maréchal Ney, le colonel comte de Turenne, officier

d'ordonnance de l'Empereur, fait distribuer le trésor particulier de Napoléon

Ce dépôt, confié à l'honneur militaire, fut fidèlement rapporté à la caisse de l'armée, lors du retour en France.

309. Un Bivouac, campagne de France, 1814.

TEPPING, *de Genève,*

à Paris, chez Souty.

310. Paysage, vue de Suisse.
311. *idem.*   *idem.*

TESSON,

Paris.

312. Café à Alger.

THEVENET,

22, rue Vivienne, Paris.

313. Portrait de M. Hyacinthe, acteur du théâtre du Palais-Royal (miniature).

THEVENIN (Mlle CAROLINE),

57, rue de Lancry, Paris.

314 Sainte Geneviève enfant.

THUILLIER (PIERRE),

22, rue de Vaugirard, Paris.

315. Vue prise à Montoire (Loir-et-Cher).
316. Vue prise en Provence.

—

TIGER (Mme),

9, rue Notre-Dame-de-Nazareth, Paris.

317. Une Nymphe chasseresse.

—

TUITE,

8, rue Miroménil, Paris.

318. Naufrage.
319. Château de Robert-Bruce.

—

TRONVILLE,

420, rue Saint-Honoré, Paris.

320. Chasse en plaine (Normandie).

—

TURWANGER,

23, rue d'Enfer, Paris.

321. Paysages lithographiés d'après différents maîtres.
322. La Reine du Ciel.
323. Menu pour la table de l'Empereur (miniature).

VALENTIN (Henri),

40, rue des Saints-Pères, Paris.

324. Trois têtes de chiens (études), gravures à l'eau-forte, d'après P. Malenson. — La leçon d'anatomie, gravure à l'eauforte, d'après Endrieux.

—

VANDERBURCH,

44, Avenue de la Santé, près la barrière d'Enfer, Montrouge.

325. Gorge dans le Rhône.
526. Torrent dans les Grisons.

—

VANONI . (Frédéric),

Né à Rome.

3, place Impériale, Rouen.

327. Introduction à la divine Comédic de *Dante*, composition paléographique, style du xiv° siècle.
328. La Salutation angélique , page paléographique, style anglo-saxon.
329. Les restes d'un ancien Aqueduc romain, près de Bapodichino, et vulgairement appelé aujourd'hui *Ponti-Rossi* (mine de plomb).

330. Portrait de l'auteur (miniature).

331. Tête d'après le Guide.   (*id.*)

332. Ruines de l'ancien Amphithéâtre de la
     ville de Capoue (mine de plomb).

333. Ruines du Palais des Césars, sur le mont
     Palatin, à Rome (mine de plomb).

334 Autre vue du même Palais (mine de
    plomb).

335. Le Tombeau de Cécilia Metella, à Rome
     (mine de plomb).

336. L'Acqueduc Claudien, à Porta Maggione
     (mine de plomb).

337. La Fontaine de l'Acqua Paolo, sur le
     Janicule (mine de plomb).

538. Les Ruines du Temple d'Antonnin et
     Faustine, à Campo-Valino (mine de
     plomb).

—

WAGNER (Mlle ELISE),

7, place des Cordeliers, Lyon.

339. Récolte, Fleurs et Fruits.

340. Groupe de Nénuphars.

VIARDOT (Léon),

14, rue Basse-du-Rempart, Paris.

341. Le Roi Cléphis.

—

YVON (Adolphe),

63, rue Notre-Dame-des-Champs, Paris.

342. Un Ange déchu, Milton, *Paradis perdu*.

SURVENU PENDANT L'IMPRESSION.

—

MELOTTE,

21, rue de l'Epée.

343. Portrait de M. C...
344.   *Id*.   de Mlle G...
345.   *Id*.   de M. M...

—

STÉWENS.

346 Un Métier de Chien.

Rouen.— Veuve A. SURVILLE, imprimeur de la Cour Impériale et de la Mairie, rue des Bons-Enfants, 46.

134